COMPLAINTE

SUR L'IMMORTALITÉ

DE M. BRIFFAUT,

PAR CADET ROUSSEL,

AUTEUR DE PLUSIEURS OUVRAGES POLITIQUES
ET LITTÉRAIRES;

PARIS,

CHEZ TOUS LES MARCHANDS
DE NOUVEAUTÉS.

1826.

OEUVRES DE CADET ROUSSEL.

(2ᵉ VOL.)

COMPLAINTE
sur l'immortalité
DE M. BRIFFAUT.

IMPRIMERIE DE DAVID,
RUE DU FAUBOURG POISSONNIÈRE, N° 1.

COMPLAINTE

SUR L'IMMORTALITÉ

DE M. BRIFFAUT,

PAR CADET ROUSSEL,

AUTEUR DE PLUSIEURS OUVRAGES POLITIQUES ET LITTÉRAIRES.

Sur le même air de la dernière ouvrage du même auteur.

PARIS,

CHEZ TOUS LES MARCHANDS DE NOUVEAUTÉS.

1826.

On se demandera peut-être pourquoi moi, Cadet Roussel, je m'ingère aujourd'hui dans la liberté de m'immiscer de de but en blanc, à propos de bottes, dans la question dont il s'agit dans ce moment ici, d'autant plus que bien des personnes qui ne voient pas plus loin que leur nez, se donnent des airs de se croire persuadées que je ne suis pas un homme digne d'être capable d'entrer jamais à l'Académie, et qu'alors ils se permettent de trouver étonnant que j'prenne la défense

de ce pauvre M. Briffaut
que tout le monde aboie
comme..... comme......
comme un chien là, puisqu'il faut lâcher le mot;
et je vous avoue que ça
me fait de la peine, moi,
voyez-vous, car je suis
bon enfant dans le fond;
c'est connu, ça; c'est
même, pour ainsi dire,

sans me flatter, passé en proverbe; et comme je suis persuadé que M. Briffaut est aussi un excellent enfant, moi, en qualité de son aîné, j'veux prendre son parti; personne n'peut m'empêcher, j'crois toujours. Si un jour j'suis reçu à l'Académie, où je serai alors son cadet, il pourra me rendre la pareille, et puis en tous cas, telle chose qu'arrive, entre zommes de lettres on doit toujours se prêter la main, zà l'occasion. Sur ci j'entre en matière.

COMPLAINTE

SUR L'IMMORTALITÉ

DE M. BIFFAUT (1).

Sur le même air de la dernière ouvrage du même auteur.

I.

Le fauteuil académique
Lassé de tendre les bras,

---

(1) M. Briffaut prononce ainsi son nom ; l est comme moi, il est modeste, il 'aime pas à s'donner des R l

Disait : ne pouvons-nous pas,
Sur notre velour antique,
Voir enfin quelque savant
S'asseoir doctoralement.

II.

Du noble corps des quarante,
Les trent'-neuf membres restans,
Disaient : depuis trop long-temps
Reste une chaire vacante,
Faut trouver pour s'y asseoir
Un queuqu'un qu'ait du savoir.

III.

Aussitôt trente-neuf têtes,
Qui comm' quatre ont du toupet,
Ont d'abord conclu tout net
De choisir dans les moins bêtes,
Un candidat comme il faut,
Et la rime a dit Biffaut.

IV.

La raison un peu jalouse,
Et tout en mordant ses doigts,

S'écria : « pour cette fois,
» La rime à coup sûr se blouse ;
» Finira-t-elle jamais
» De nous faire ainsi des traits ?

V.

» J'en appelle à la justice
» De votre docte sénat,
» Souffririez-vous l'attentat
» De cette femme à caprice ?
» Pourquoi donc en votre cour
» Parle-t-elle avant son tour ?

VI.

Malgré cette plainte amère
On vote au scrutin secret,
Dont il résulte en effet,
De la façon la plus claire,
Que le père de Ninus
Pour les quarante est inclus.

VII.

Ce Ninus lui fut propice
Sous défunt Napoléon,

Sa représentation
Valut à l'auteur novice
Mille écus de pension,
Et point de conscription (1).

VIII.

Mais notre poëte imberbe
Prit cela pour un affront,
Et malgré Napoléon,
Ce petit héros en herbe

(1) C'est vrai que Bonaparte lui a accordé ça, l'honorable auteur n'ayant que 18 ans.

Voulait, en dépit de Mars,
Foudroyer murs et remparts (1).

(1) Des personnes dignes de foi m'ont dit confidentiellement qu'elles avaient lu dans les journaux ce que j'ai l'honneur de vous confier à mon tour, c'est à savoir que mon dit sieur Briffaut s'est trouvé formalisé de voir comme quoi le susdit Napoléon Bonaparte voulait ainsi l'évincer de la carrière militaire, ce qu'il vit d'un mauvais œil, et dont auquel il s'en vengea ainsi que vous en verrez le détail plus circonstancié dans le couplet suivant. Quant à l'égard des mille écus de pension, je n'ai

IX.

Il se vengea, je vous jure,
Car Bonaparte déchu,
Biffaut s'est bien souvenu
D'avoir reçu cette injure,
Et vint en temps et saison
Du pied frapper le lion (1).

pas ouï dire qu'il s'en soit plaint, et je suppose, à part moi, qu'il les a gardés provisoirement sauf meilleur avis, en pareil cas, c'est ce que j'aurais fait, toujours.

( ) Quant à cela, il faut pas trop en

X.

En tous lieux, on jase, on glose,
On se demande pourquoi,
Par quelle bizarre loi,

parler, parce que tant d'autres personnes sont dans le même cas, et puis c'est un usage si ancien!... car ce bon Lafontaine qui est mort déjà depuis un certain temps, nous a appris que long-temps avant lui, certain personnage dont il nous retrace la peinture, en ses fables, en avait fait autant.

Par quelle métamorphose,
De ce simple ménestrel,
On a fait un immortel.

XI.

Paix, dis-je, l'aréopage
A prononcé, c'est fini,
Par Raynouard c'est écrit (1);

(1) Ce M. Raynouard est un particulier académique qui tient la plume à celle fin d'écrire les décisions remarquables, après quoi les autres hommes de lettres signent

Que voulez-vous davantage ?
Comme Pilate il nous dit :
Quod ego scripsi scripsi (1).

XIII.

Or, messieurs les journalistes,
Avec tous vos airs moqueurs,
Et tous vos propos frondeurs,

les unes en toutes lettres, les autres en abrégé, et puis n'y a plus à y revoir.

(1) Je me suis toujours laissé dire que cela signifiait *ce qui est écrit est écrit*.

Fiers anti-congréganistes,
Vous ne pouvez empêcher
Le talent de triompher.

XIII.

Sur moi, pleuv'nt les apostrophes,
On dit que j'ny connais rien,
Et qu'mon académicien
Fait des vers comm' moi des strophes
Sans goût, sans saveur, sans sel,
Et qu' c'est un Cadet Roussel.

XIV.

Ce propos est un peu leste,
Je n' l'ai pas pris au sérieux,
Méprisant ces envieux,
Acharnés comme la peste,
A déployer leurs fureurs
Contre nous autres auteurs.

XV.

D'ailleurs, jamais je n' me fâche,
On sait que j'suis bon enfant ;

Et puis j'n'écris pas souvent,
Mais je remplis cette tâche
Quand je vois nos libertés,
Ou bien nos droits menacés.

XVI.

Aujourd'hui, je dois défendre
Ce pauvre M. Biffaut.
Si ses vers l'ont mis si haut,
Les miens qu'on sût si bien vendre(1)

(5) La dernière ouvrage du même auteur, ouvrage éminemment patriotique,

N' les val'nt pas ch vérité ;
Je le dis sans vanité,

XVII.

Y a des gens qui n' peuv'nt pas s'taire,
Et l' démon les fait parler ;
Ils dis'nt donc pour se venger,
Qu'au moyen d'un' circulaire,

mais inférieur aux ouvrages de M. Briffaut, sous le rapport littéraire.
(*Note de l'Éditeur.*)

L' candidat obtint des voix,
Par l'ordre d' M'sieur Lordois.

XVIII.

Mais je suis tou**jours bien aise,
En mon p'tit particulier,
De voir aujourd'hui siéger
Sur l'académique chaise,
L'compatriot' de Piron
Qui s' trouv' bien vengé, dit-on.

XIX.

Pour terminer, je dois dire
Que, foi de Cadet Roussel,
Pour mon compte personnel,
Au fauteuil point je n'aspire,
Bornant mon ambition
 la congrégation.

XX.

I faut ici qu'on m'excuse,
e dois aussi m'expliquer,

Et je ne désire entrer
Que dans celle où l'on s'amuse,
Partageant le sentiment
Du nouveau récipiend (1).

XXI.

Sous le ministre Villèle,
Dans le temps du jubilé,

(1) En effet mon héros, si j'en crois les journaux, dit qu'il fait partie d'une congrégation où l'on s'amuse; il n'a pas mal choisi.

Je fis, quoique peu stilé,
Cette pièce telle qu'elle ;
De mes vers je suis content,
S'ils sont bons à trois pour cent.

FIN.

www.ingramcontent.com/pod-product-compliance
Lightning Source LLC
Chambersburg PA
CBHW060554050426
42451CB00011B/1912